마그마란 마음자리 그림 마당의 약자로 마음의 응어리를 그림으로 용암같이 녹여내는 심리 치유의 공간이며 세상 만다라 펼침의 공간이다.

| 김영옥과 함께 하는 프로그램/수강정보

· M정신분석 실제 매달 워크샵 년간 진행

· 꿈분석가 배출

· 국민학습지 특강

· 경영지도자과정 : 지사 카페목적

· 마그마힐링&M분석 졸업전시회

· 마그마숲 책쓰기 프로젝트

· 지도자 역량강화 프로그램

· 마그마힐링 & 만다라 워크북 체험

· 전국민 나산다산다 워크숍

· 마그마힐링 지도자자격 과정: 1급~3급/전국지사

· M분석가 과정: 1단계~3단계

· M통찰분석가 과정: 1단계~3단계

· 꿈디자인학교: 청년/1학기~4학기

· 국민학습지 전국지사 연계: 서울,경기,충남,대구,울산,포항,영덕 등

| (주)김영옥심리체험박물관

| 전시회 | 워크샵 | 강의 | 개인분석 | 지도자 배출 | 견학 | 연수

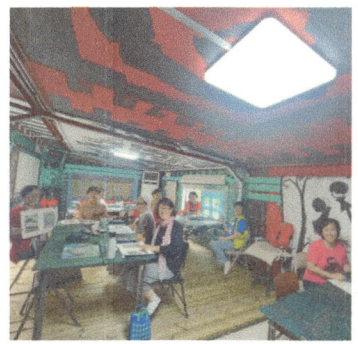

움직이는 조화

김영옥과 함께 여는 원형 만다라

<나의 안정과 조화로운 몽이세상>
움직이는 조화

마그마숲

김영옥과 함께 여는 원형 만다라

나의 안정과 조화로운 몽이세상_움직이는 조화

| 나의 안정과 조화로운 몽이세상

- 움직이는 중심
- 움직이는 조화
- 움직이는 안정
- 움직이는 균형
- 움직이는 행복

| 활용 방법

- 문구따라 마음따라 선택
- 모든 색칠 도구 가능
- 바탕을 한가지 색에서~여러가지 색으로 확장
- 마음 가는대로 색칠
- 그냥 보기만해도 좋은 효과
- 여백, 공간 모두 색칠
- 먹물로 틀하고 마카로 점찍어 마무리

| 나의 안정과 조화로운 몽이세상이란?

의미 찾기와 활동

내 마음 창조하듯 아름다운 심리 활동
마그마힐링

원형과
기하학으로 창조되는 나만의 세계

모든 심리를 깔고
원형으로 자리 잡아
안정을 찾아가는 길

| 김영옥 원장

- 화가 13회 개인전
- (주)김영옥심리체험박물관 대표
- 사)만다라미술심리연구원 이사장
- 마그마숲 대표
- M심리지원단 대표
- 마그마힐링 심리 프로그램 개발
- 만다라분석심리 이론정립
- 만다라꿈분석 이론 정립
- M분석심리 이론 정립
- M통찰분석 이론 정립

움직이는 조화 첫날

원형의 꿈 조화

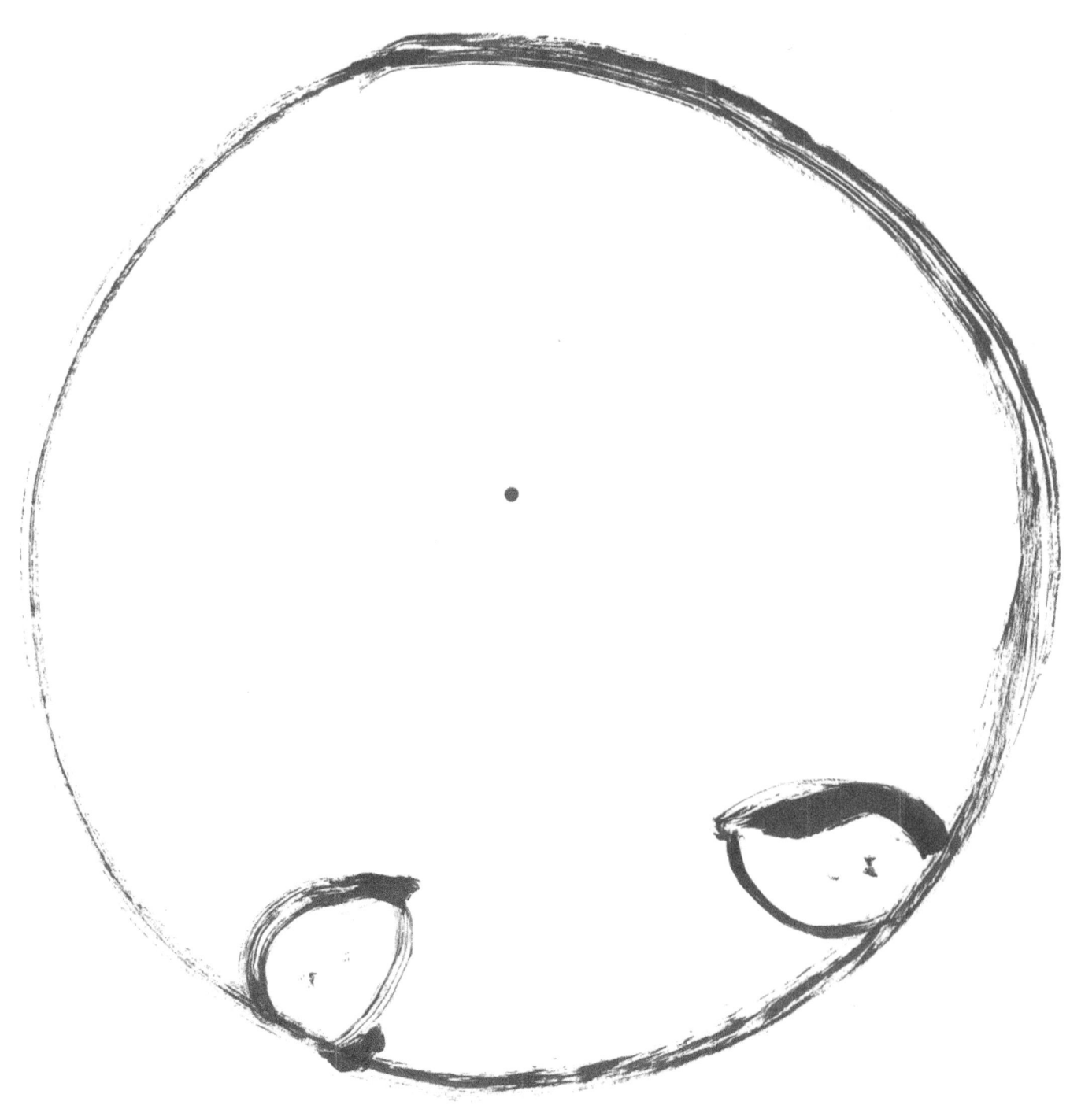

움직이는 조화 둘째날

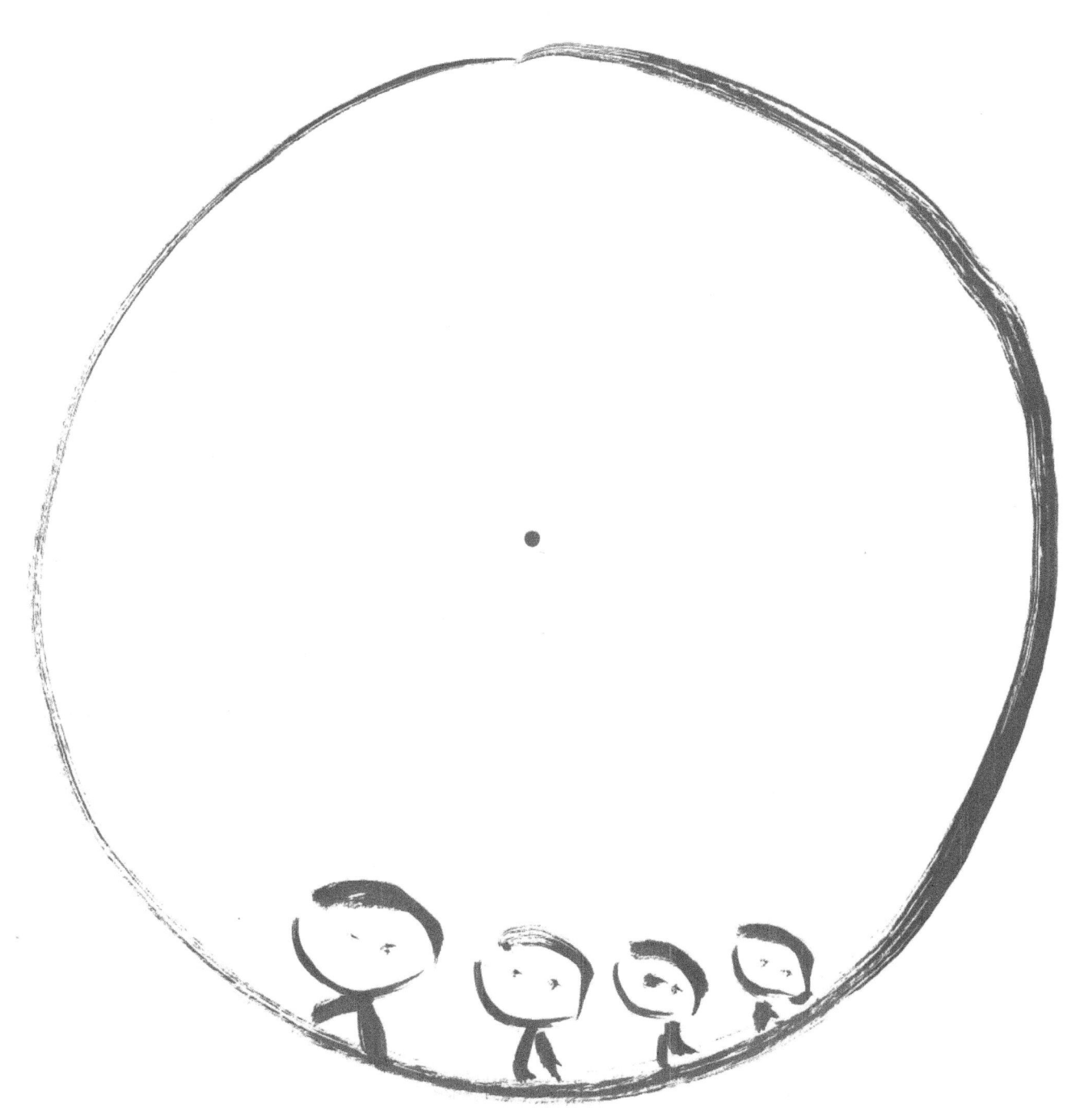

조화로운 안과 밖

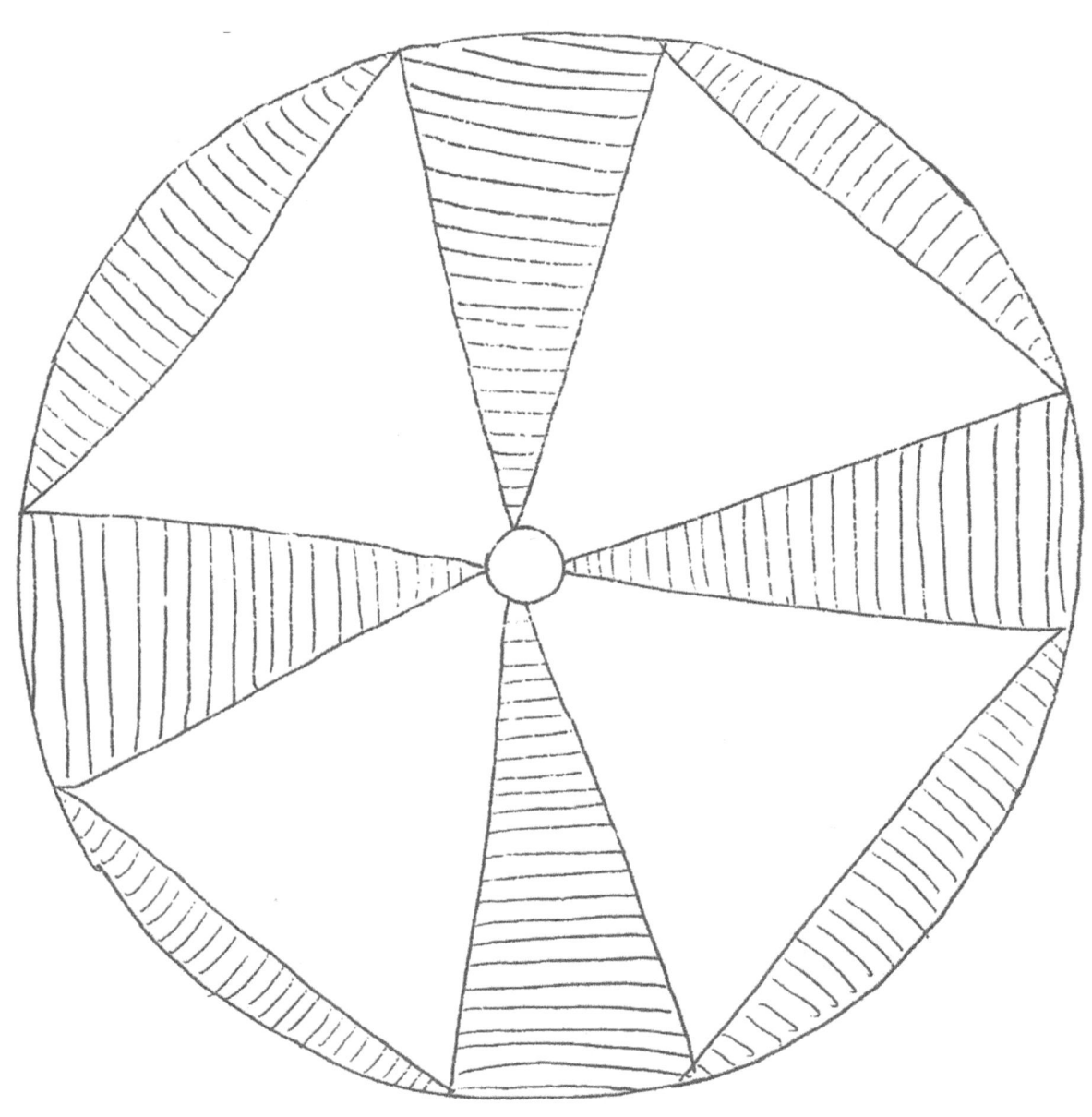

움직이는 조화 셋째날

내 안에 조화

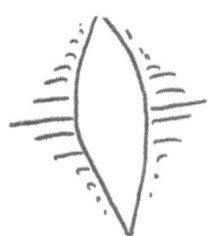

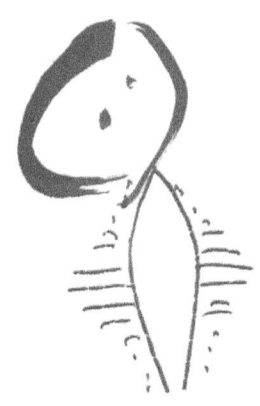

움직이는 조화 넷째날

사랑스런 조화

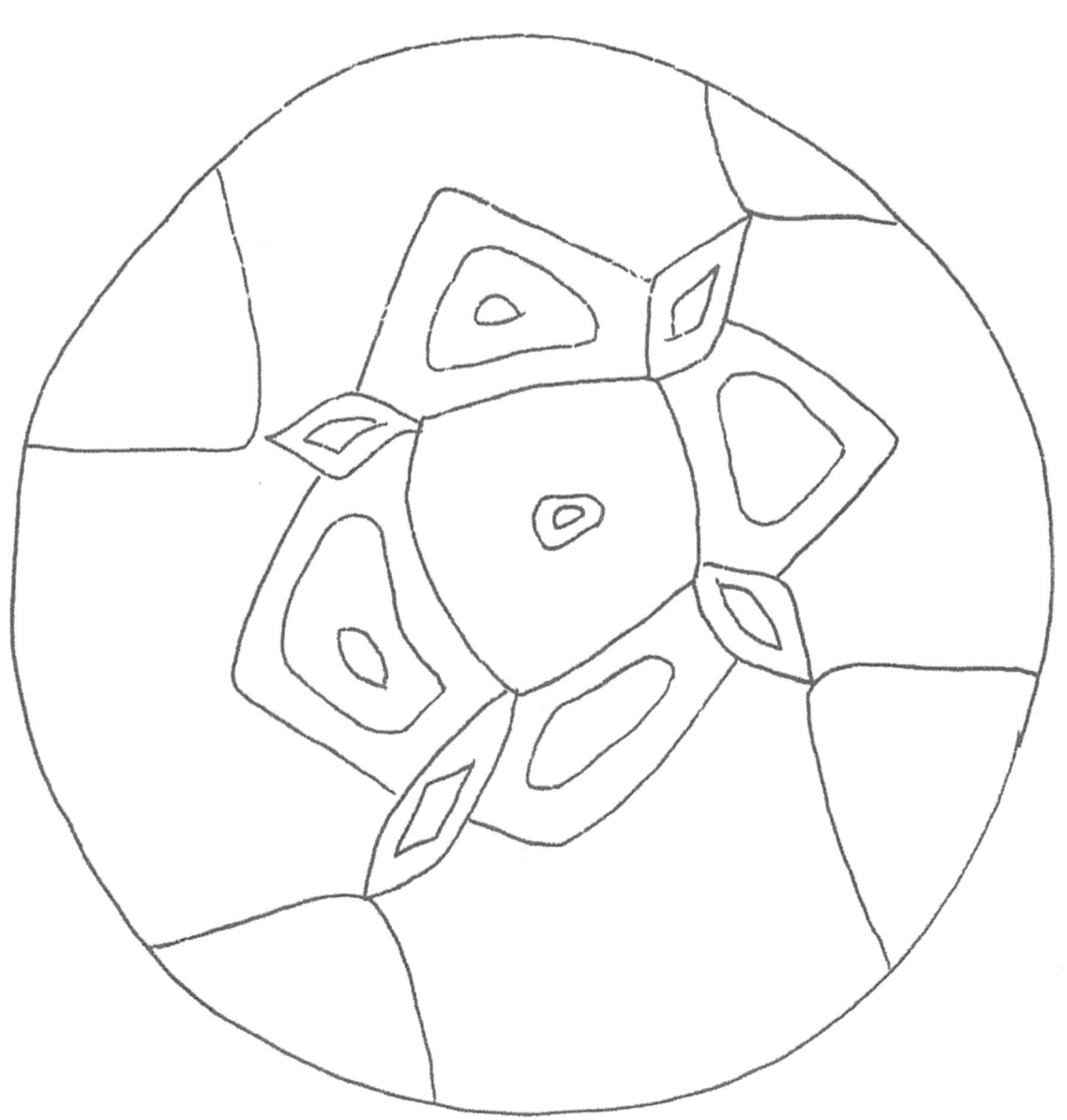

움직이는 조화 다섯째날

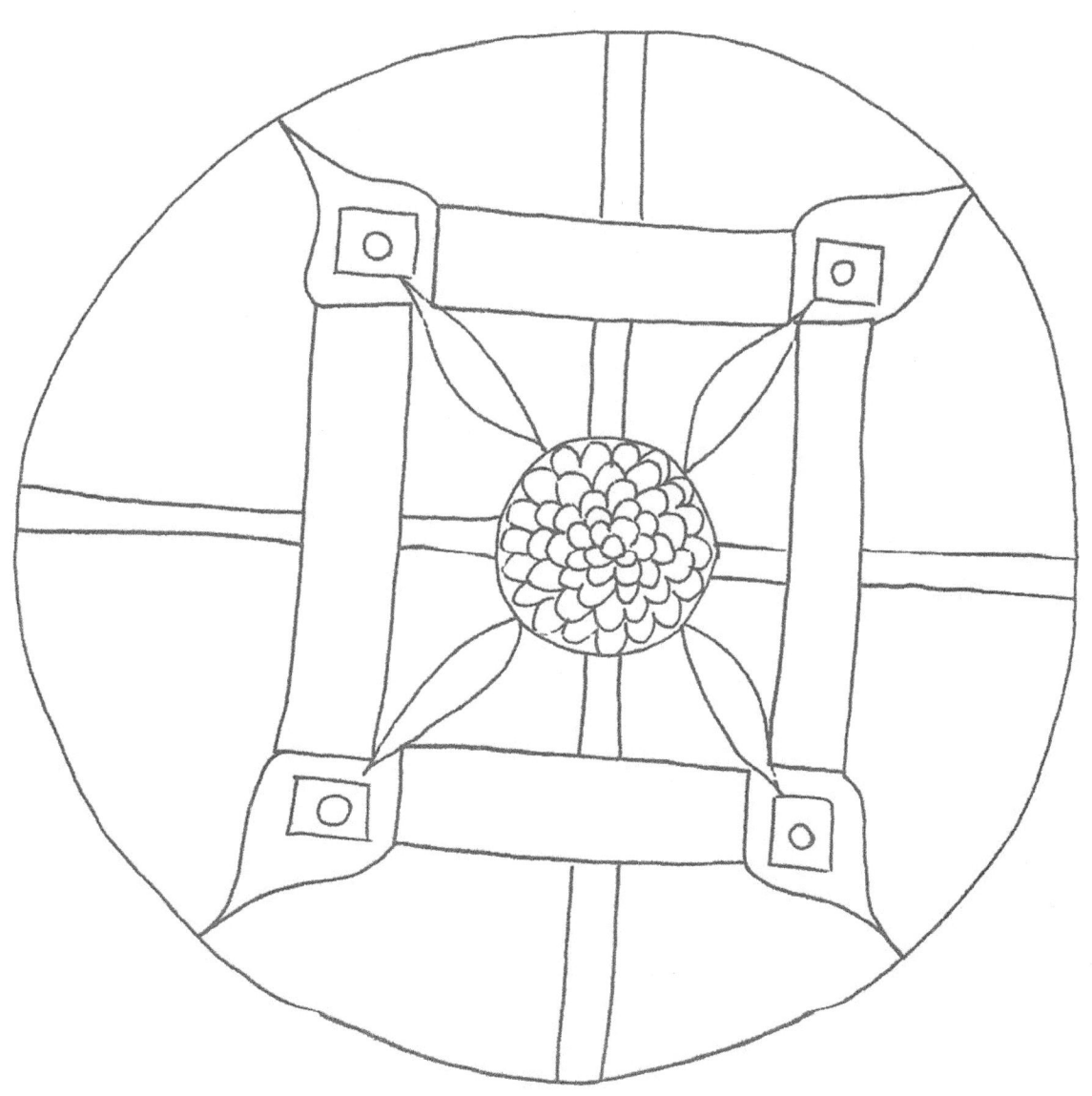

조화로운 색칠

움직이는 조화 여섯째날

조화로운 생각들

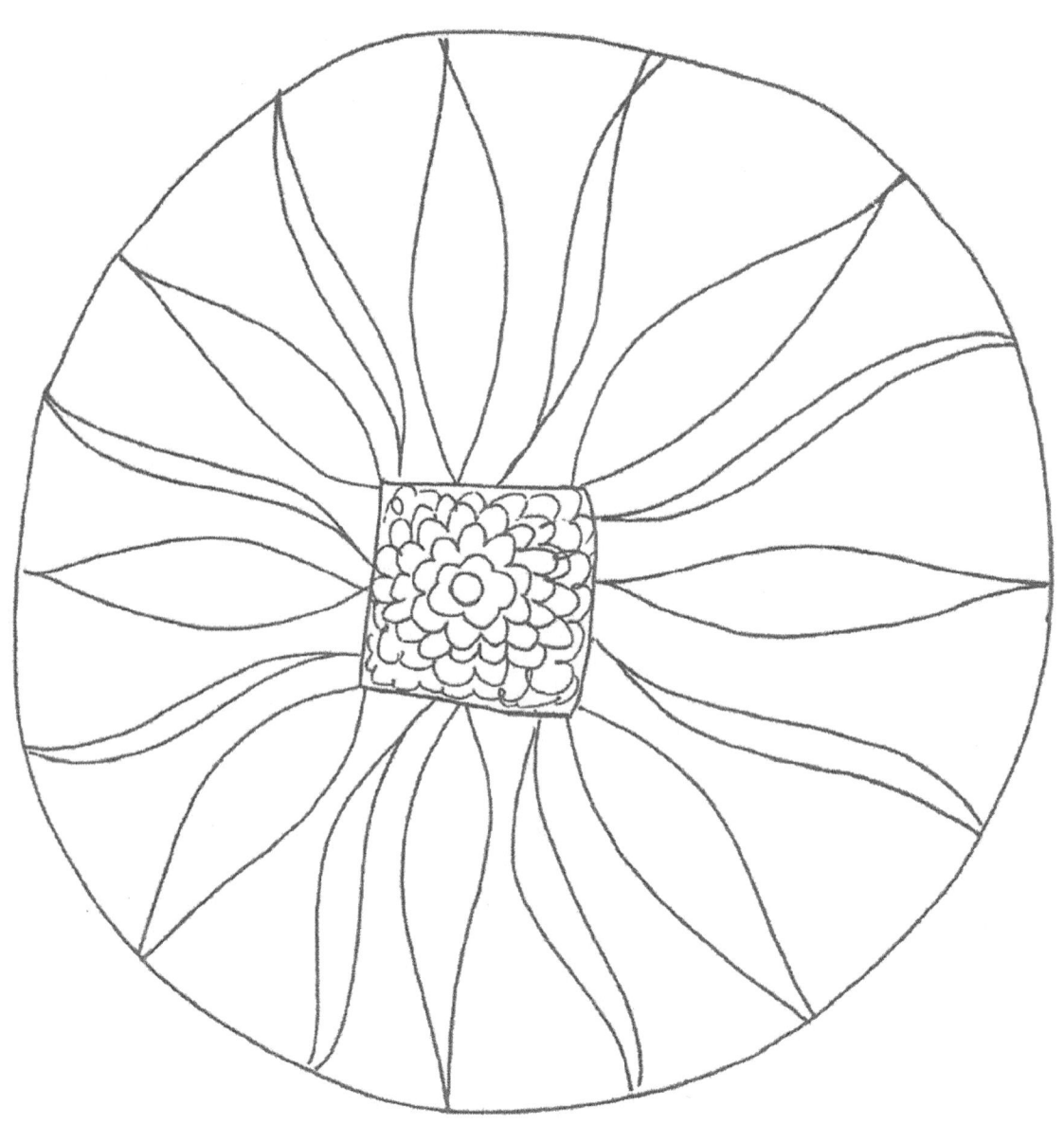

움직이는 조화 일곱째날

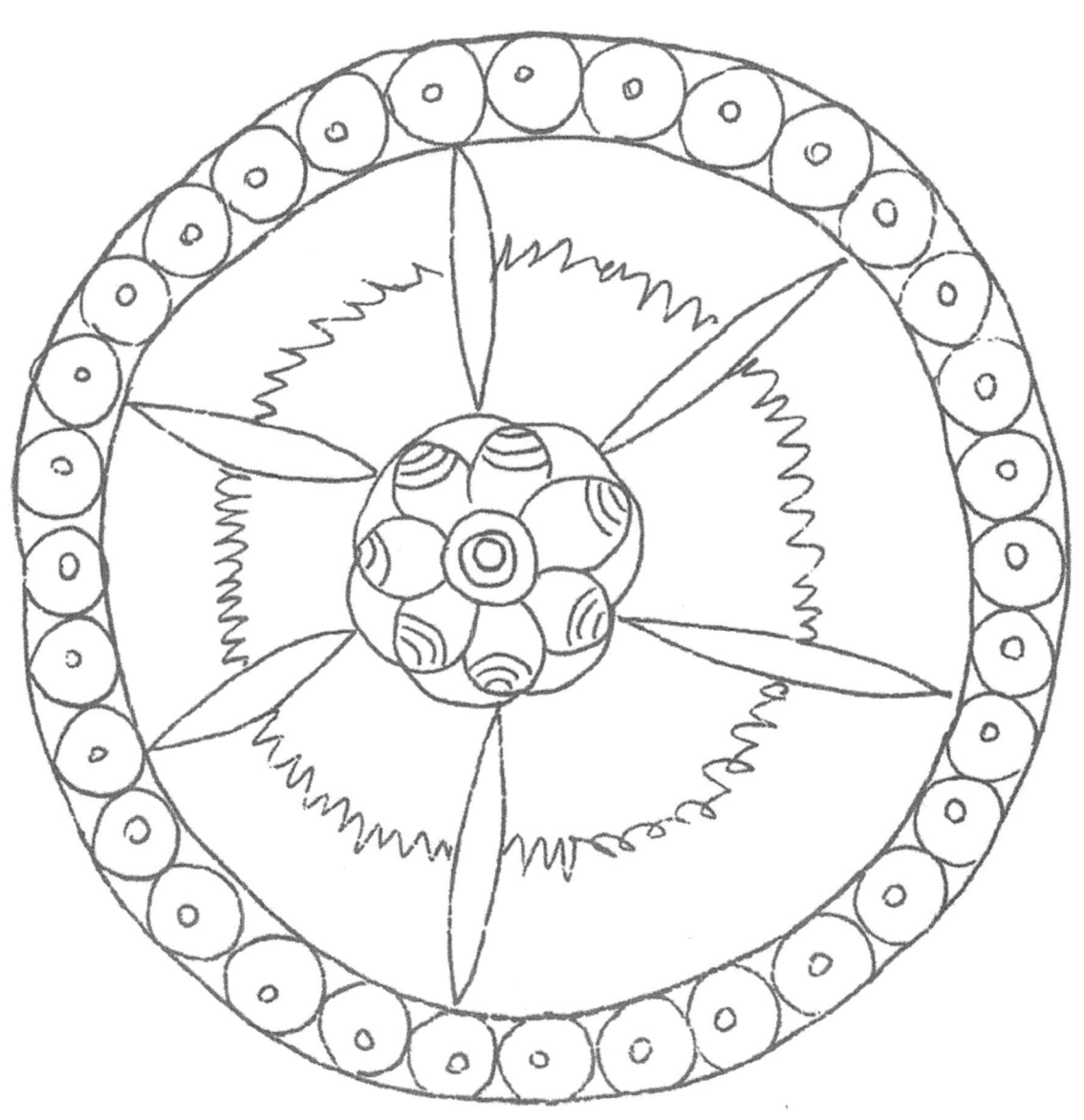

조화로운 창조

움직이는 조화 여덟째날

힘있게

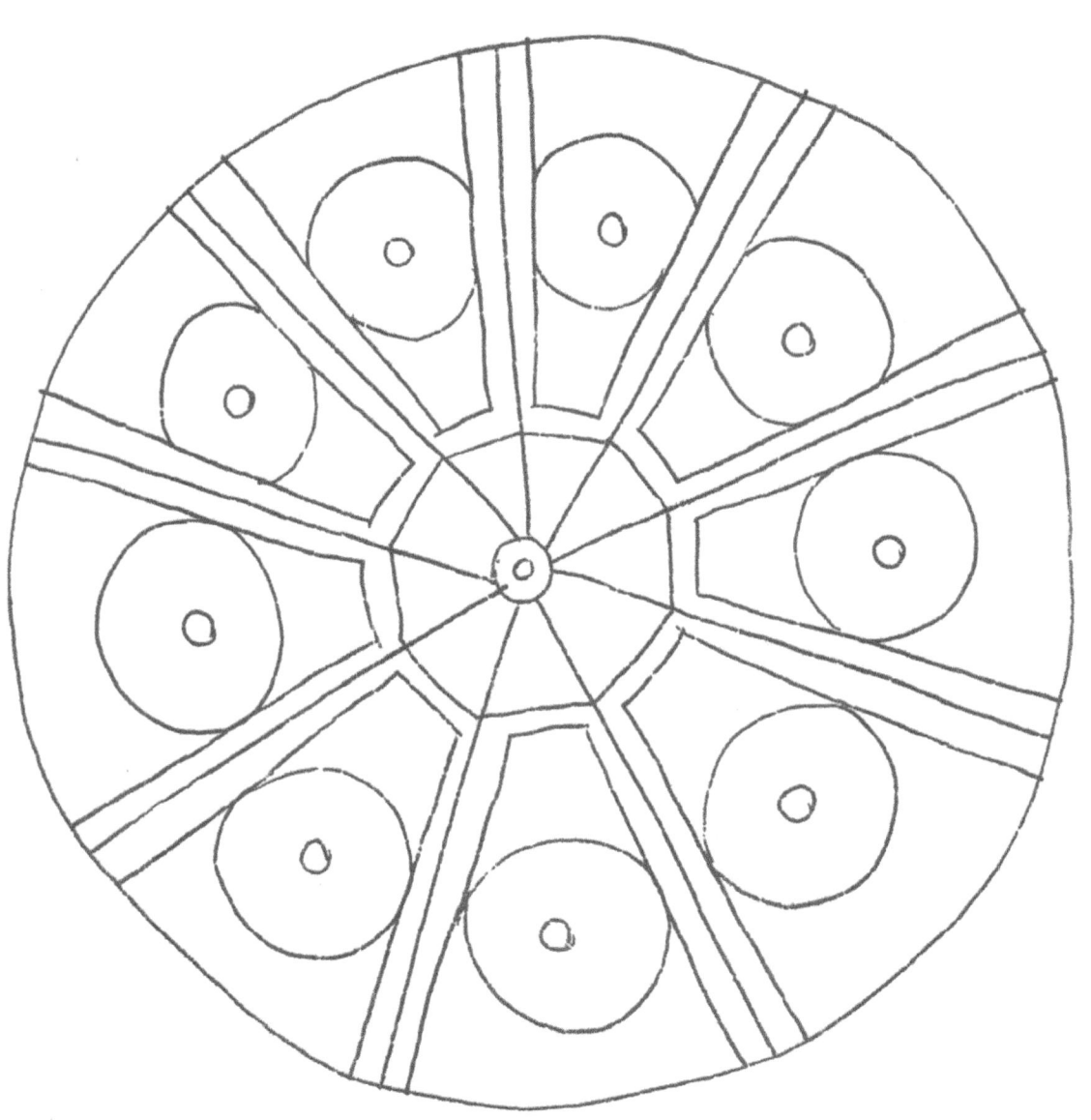

움직이는 조화 아홉째날

신간 워크북

| 부정세포 실제탐색 전 5권 | 가을신화 전 10권 | 인생 잘사는 길 전 5권 | 치매예방 전 5권 | 맛을 뺀 정신 전 5권

| 축제의 길 전 5권 | 왕의 길 전 5권 | 자유롭게 전 5권 | 치유의 몫 전 5권 | 가치있는 삶 전 5권

  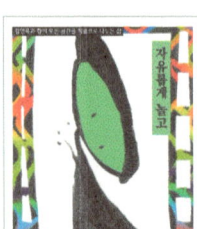  

기념품 판매

민소매·티셔츠·맨투맨·몽이망토담요·후드집업·몽이가방·조끼·셔츠

| 꿈몽이들의 고향   전 5권
| 내 인생의 월드컵   전 5권
| M통찰 2단계 1차   전 2권
| 몽이들의 빛   전 5권
| 내 인생의 월드컵   전 5권

| 경영인   전 11권
| 꿈 분석가   전 10권
| 오늘의 마음 날씨   전 5권
| 해와 달   전 5권
| 뇌 기능 운동   전 5권

| 아플 때 쉬어가는 나 전 8권
| 아플 때 만난 나   전 5권
| 아름다운 길   전 5권
| M통찰 1단계   전 3권
| 황금빛 용

| 망토몽이   전 5권
| 두통없이 개운한 날 전 5권
| 정신소독   전 5권
| 여의주   전 5권
| 꿈출항   전 5권

| 깊어질 때 편안함   전 5권
| 그대로 좋아   전 5권
| 숲과 도시   전 5권
| 자율통합   전 5권
| 영혼몽이   전 5권

마그마숲 M심리지원단 전국치유와 희망으로 달린다

김영옥심리체험박물관

김영옥과 함께 여는 원형 만다라

나의 안정과 조화로운 몽이세상 _움직이는 조화

발행일	2024년 2월 23일
지은이	(사) 만다라미술심리연구원
기획·연구	마그마숲, 몽이세상, 마그마숲과 창
펴낸곳	제1~2관 인간탐색관 : 경기도 포천시 영북면 문암길24
	제3~4관 정신탐색관 : 포천시 신북면 청신로2084
	TEL : 031) 533-1707 FAX : 031)532-1706
이메일	magmasup@naver.com
홈페이지	http://www.magmasup.com (본사)
	http://www.mgmskm.com (국민학습지)

- 서울 사)만다라미술심리연구원
- 서울 마그마숲
- 포천 영북면 문암길24 몽이세상
- 포천 신북면 청신로2084
- (주)김영옥심리체험박물관
- M전시관 회원전
- 매달 워크샵 진행

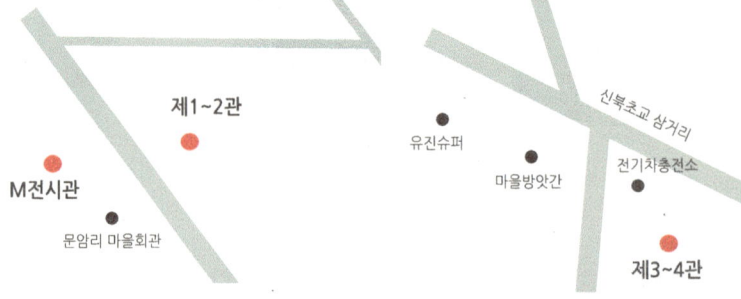

제1~2관 : 포천 영북면 문암길24 몽이세상   제3~4관 : 포천 신북면 청신로 2084

ISBN 979-11-6332-953-4
ISBN 979-11-6332-951-0 (세트)
값 12,000원

이 책을 불법 복제시 저작권법에 따라 처벌 대상이 됩니다.